글 **차소영**	지은이 차소영은 대한민국의 평범한 워킹맘입니다. 결혼 전에는 SK텔레콤 홍보실에서 어린아이들을 대상으로 하는 과학/경제프로그램 및 멘토링 프로그램 등을 기획하고 운영하였고 출산 후에는 숙명여자대학교에서 언론학 석사를 취득한 후 출판사에서 일을 시작하였습니다. 어느 날 차일혁 경무관에 관한 책을 만드는 일을 하다가 어린 아들이 무슨 내용이냐고 궁금해했지만 그 내용이 어린이에게 쉽지 않았습니다. 어린 아들이 조금은 쉽게 이야기를 이해할 수 있게 글을 정리한 것이 이 책의 시작입니다.
그림 **김문주**	대학에서 한국화를 전공했습니다. 주로 어린이 그림책에 그림을 그리고 있고, 박물관, 광고포스터 등 다양한 그림을 그리는 프리랜서 일러스트레이터로 활동하고 있습니다. 그린 책으로 <수상한 도깨비> <엄마 쉬고 싶어요> <심영감과 맹영감> <숨은 봄 찾기> <오리 형제가 습지로 간 비밀> <조상님들은 일기에 무얼 썼을까?> <아무 말도 못하고> <깜깜한 밤은 싫어> <시튼동물기 시리즈4,6,9> <최인호의 청소년 유림3,6> 등이 있습니다.

영어번역

곽수정 SooChung Karen Kwak	Karen Kwak has studied Biological Sciences at Rutgers University, has furthered her career in studying Dentistry at the University of Medicine and Dentistry of New Jersey, and has acquired specialty training at Temple University Hospital. She is a dentist by day, but her interests in Korean history have led her to be a part of this meaningful book. She currently resides in New Jersey, the Garden State.
조정희 Jeonghee Cho	Jeonghee Cho studied Sociology at Seoul National University and at SUNY-Albany, with Criminology and Sociology of Deviance majors. After two decades' teaching and researching in the area, he decided to jump into new area, Sociology of Art and Literature, and now he is working as a freelance writer. His current interest lies in historic Korean figures such as Cha, Il-Hyuk, the heroic police Superintendent General in the 1950s, and Choi, Seunghee, the legendary danseuse in the 1930s.
이승철 SeungChul Lee	SeungChul Lee is a Chemical Engineering major at the United States Military Academy in West Point, NY. He plans to become a commissioned officer in the United States Army and hopes the serve people of many nations through his career in the Army.

문화재를 지킨 경찰 차일혁

1판 1쇄 인쇄 2018년 7월 31일
1판 2쇄 인쇄 2018년 9월 20일

글 차소영 | 그림 김문주 | 펴낸 곳 ㈜H&C후아이엠 | 주소 서울시 종로구 대학로11길 23 5층
ⓒ에이치앤씨후아이엠

> 저작권자와 맺은 특약에 따라 검인은 생략합니다. 이 책은 저작권법에 따라 보호받는 저작물이므로 무단 전재와 무단 복제를 금지하며, 이 책 내용의 전부 또는 일부를 이용하려면 반드시 저작권자와 ㈜에이치앤씨후아이엠의 서명 동의를 받아야 합니다.

주의 1. 책의 모서리가 날카로워 다칠 수 있으니 사람을 향해 던지거나 떨어뜨리지 마세요.
     2. 보관시 직사광선이나 습기 찬 곳은 피해주세요.

* 잘못 만들어진 책은 바꾸어 드립니다.

본 책에는 문화체육관광부 문체부 서체가 사용되었습니다.

추천의 글

정두리(시인, 아동문학가)

우리나라에는 훌륭한 선인*들이 많이 계십니다.
경찰관 차일혁 경무관**도 그 중의 한 분입니다.
차일혁 경찰은 삼국시대에 지어진 사적 505호 전라남도 구례 화엄사를
6.25전쟁 중에 지혜롭게 지켜낸 '문화경찰'로 일컬어지는 분입니다.
차경찰은 일제강점기에 태어나서 6.25전쟁을 겪었습니다.
이 땅에서 일어난 전쟁에 대해 잘 모르는 어린이들,
먼 옛날이야기가 아닌 그래서 꼭 알아야 하는 일들이 이 책에 있습니다.
우리 어린이들은 조상들이 남겨준 용감하고 슬기롭고
또 아름다운 삶에 대해 알고 배우는 일이 무엇보다 중요합니다.
그 분들이 살아온 삶에는 사람이 무엇보다 귀하다는 것을 일깨워 줍니다.
이 책을 기획한 '후아이엠'의 뜻도 여기에 있습니다.
우리의 선인들이 닦아준 길을 이어가는 일,
지금 주위에서 열심히 일하고 계신 경찰 아저씨를 돌아보는 일.
모두 우리가 해야 할 일입니다.
우리 어린이들에게 일독을 권합니다.

*선인(先人): 지난 시대의 사람   **경무관: 경찰 공무원 계급의 하나

이 책은
문화경찰로 알려진 차일혁 경무관이 6.25 전쟁 중에 겪은 일화를 담았습니다.

어린이들이 이 책을 읽고
나도 주인공처럼 멋진 사람이 되어야지 하고 바라는 마음보다는
6.25라는 우리 민족의 가슴 아픈 전쟁과 그 시대의 우리나라 모습에 대해
알려주고 싶어서 책을 만들었습니다.

이 책을 통해 우리 어린이들이 6.25 전쟁에 대해 조금이나마 이해하고
지금은 비록 우리나라와 북한으로 나누어져 있지만
우리 민족에 대해서 조금 더 생각해 보는 기회가 되었으면 합니다.

*본 이야기는 아이들이 이해하기 쉽게 수정 및 재편집 되었음을 밝힙니다.

···· 한글로 읽는 ····

문화재를 지킨 경찰
차일혁

화엄사라는 절을 들어본 적이 있나요?

전라남도 구례에 위치한 화엄사는 삼국시대에 지어진 절이에요.
대부분 건물이 대한민국 국보로 지정되어 있을 만큼
아주 중요한 우리나라 문화재 중 하나랍니다.
문화재란, 옛날 조상들이 남긴 것 들 중에서 역사적으로나 문화적으로나
그 가치가 높아 보호해야 할 것들을 가리키는 말이에요.
이런 문화재가 우리에게 왜 중요할까요?

그것은 문화재가 언제 어떻게 만들어졌는지를 살펴보게 되면
우리 조상들의 생활 모습을 추측해 볼 수도 있고
조상들의 지혜도 배울 수 있기 때문이지요.
그런데 이런 중요한 문화재 중 하나인 화엄사가
6.25 전쟁 때에 불에 태워져서 사라질 뻔한 사실을
혹시 알고 있었나요?

우리나라는 1900년 초반부터
일본의 침략을 받아서 긴 세월 일본의 지배를 받았어요.
1945년 일본으로부터 해방이 되었지만 그 기쁨도 잠시,
38도선을 경계로 두 개의 국가로 나누어졌지요.
그것이 바로 지금의 우리나라와 북한입니다.
국가가 둘로 나눠진 것은 우리가 원했다기 보다는
그 당시 우리나라 보다 힘이 강했던
미국과 소련을 중심으로 나눠지게 된 것이지요.

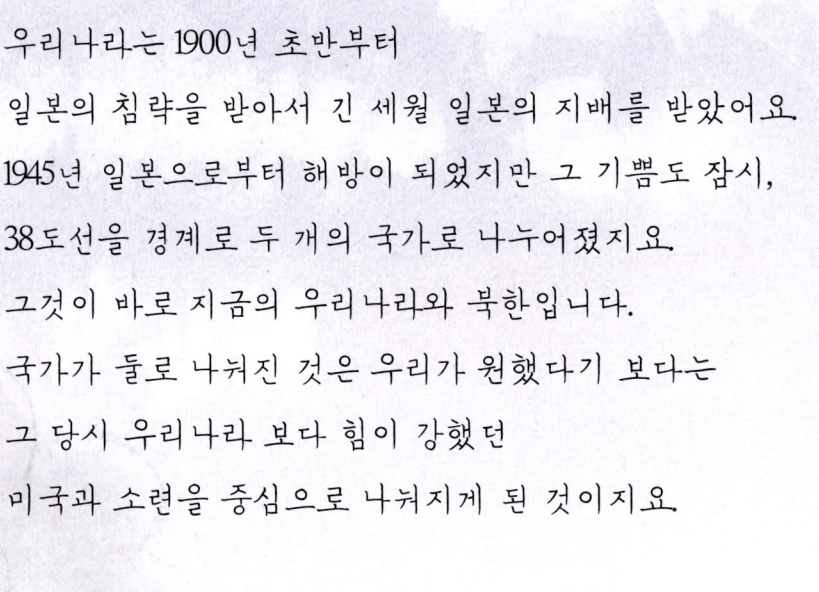

다른 강한 나라의 간섭 속에서
우리나라와 북한의 갈등은 점점 심해져 갔고
결국 1950년 6월 25일 북한이 우리나라를 공격하는
6.25 전쟁이 일어나게 되었어요.
일본에게 독립한 지 5년만에 같은 민족이
싸워야 했던 가슴 아픈 전쟁이었어요.
하지만 그 때는 남한*과 북한 사이의 갈등이 심해져 있어서
서로 적으로 생각했답니다.

*남한: 남북으로 분단된 대한민국의 휴전선 남쪽 지역을 가리키는 말.

그 시절 우리나라에는 차일혁이라는 경찰이 있었어요.
그는 일제 식민지에 태어나서 6.25전쟁까지
우리나라의 암울했던 시대를 살았던 독립운동가이자 경찰이에요.
6.25 전쟁이 일어나자 그는 경찰로서
제 18전투경찰 대장으로 임명을 받고 빨치산 토벌을 나서게 되었어요.

빨치산이란 정규군인과는 별도로 움직이며
우리 군인들의 교통, 통신 수단을 파괴하거나 무기와 물자*를 뺏고
심지어 일반 주민들까지 괴롭히던 북한군인들을 부르는 말이에요.
당시 빨치산들은 지리산을 본거지로 활동하고 있었고
차일혁 대장은 그들을 소탕하는 임무를 받고
군인들을 이끌고 지리산으로 향했어요.
그것을 '빨치산 토벌작전'이라고 해요.

*물자: 어떤 활동에 필요한 여러 가지 물건이나 재료.

차일혁 대장은 지리산에서 빨치산을 토벌하는
작전 수행 중에 또 다른 명령을 받게 되었어요.
그것은 바로 화엄사를 불태우라는 것이었습니다.
화엄사 같이 큰 절은 빨치산을 소탕하는데 큰 어려움을 준다는
명령이 있었던 것이죠. 소중한 문화재이기 때문에 군인이나
경찰이 함부로 공격하지 못할 수 밖에 없고.
빨치산들이 화엄사에 숨어 지내는 게 쉬웠고
숨어서 우리를 공격하기도 좋았던 것이라는
판단이었습니다. 그러니 상부*에서는
화엄사를 불태우라고 명령을
한 것이에요.

*상부: 자기보다 벼슬이나 직위가 높은 사람 혹은 관청.

"화엄사를 불 태우라는 말씀입니까? 그 명령은 절대 따를 수 없습니다"
차일혁 대장은 이 명령에 강하게 반대했습니다.
명령도 중요하지만 화엄사는 우리나라 오랜 역사를 담고 있는
소중한 문화재이기에 불태워 없앤다는 것이 힘들었던 거지요
하지만 그렇다고 화엄사를 그냥 둔다면
북한군인이나 빨치산들이 은신처로 사용하게 될 것이고
우리의 피해가 클 것이기 때문에
차일혁 대장의 의견은 잘 받아들여 지지 않았어요.
상부에서 내린 명령이기에 어길 수도 없고,
그렇다고 절을 태울 수도 없고 차일혁 대장은 곰곰이 생각했어요

고민 끝에 그는 부하들을 시켜서 절의 문짝들만 뜯어서
불에 태우기로 했어요. 문짝을 뜯어내면 빨치산들도 숨지 못할 것이고
사격하기에도 용이*하다고 판단한 것이였지요.
화엄사 각황전과 대웅전의 문짝을 모두 떼어 내어서
보재루 앞에 놓고 불태웠는데 그 모습이 멀리서 보면
꼭 절을 태우는 것처럼 보여졌어요.
상부의 명령대로 소각**은 했지만 대신 절 전체가 아닌
문짝만 태움으로써 명령을 어기지 않고
문화재를 지키는 놀라운 지혜를 발휘한 것이지요.

*용이: 어렵지 않고 매우 쉬운.
**소각: 불에 태워 없애버림.

그 당시는 무서운 전쟁 중이었기에 상부에서 내려온
명령을 어긴다는 것은 목숨을 잃을 수 있는 일이었어요.
그렇기에 화엄사를 태우지 않은 차일혁 대장의 용기와 결심은
결코 쉬운 일이 아니었을 거에요.
그 후로도 차일혁 대장은 화엄사뿐만 아니라
인근 역사가 깊은 많은 절들을 거듭 지켜냈답니다.

1950년 6월 25일 일어났던 전쟁은
1953년 7월 휴전 협정으로 마무리가 되었어요.
그 이후 지금의 우리나라와 북한의 모습이 되었지요.
비록 전쟁은 끝났지만 세월이 흐른 지금도 많은 사람들은 화엄사와 같은
오래된 절을 찾아가 정성껏 기도를 드리거나 생활의 휴식을 가지곤 해요.
"문화를 잃으면 우리 마음을 잃고,
우리 마음을 잃으면 우리나라를 잃는다."
이 같은 한 경찰의 신념 덕분으로
지금 우리가 천년고찰 화엄사를
온전한 모습으로 볼 수 있게 되었답니다.

문화재를 지킨 경찰
차일혁 경무관

차일혁 경무관은
1920년 전북 김제에서 태어났습니다.
중일전쟁이 일어나기 직전인 1936년말
방년 17살의 나이로 중국 상해로 건너가
독립 투사의 길을 걷게 됩니다.

차일혁
1920.07.07~1958.08.09

중국에서 중앙군관학교를 졸업한 후 태항산 일대에서
중국 내 흩어져 있는 조선인 청년들을 모아서 독립군으로
양성하는 일부터 크고 작은 항일전투에 직접 참여하는 일까지
광복의 그날을 위해 많은 노력을 했습니다.

해방 이후에는 다수의 독립 운동가들이 사회주의 이념을 선택하여
북한군이나 중국군으로 전향했지만 차일혁은 자유민주주의를 택하고
대한민국으로 돌아와 민족의 역적과 일제 잔당들을 제거하는데 힘을 쏟았습니다.

6.25전쟁이 일어나자 7사단 직속 구국유격대장으로 전장에 나섰습니다.
그 후 1950년 12월에 전북지역에 무장공비 토벌을 위해
제18전투경찰대대를 만들면서 초대 대대장으로 경찰에 투신하게 됩니다.
이 후 빨치산 토벌대장으로 지리산, 덕유산 자락을 누볐고,
1953년 총경으로 승진하여 서남지구전투경찰대 제 2연대장으로서
빨치산 남부군사령관 이현상을 사살하였습니다.
또한 전쟁 중에서도 포로에 대해서도 관용을 베풀고
난민구호에도 힘쓰는 휴머니즘을 실천하였습니다.

전쟁 중 소실될 뻔한 소중한 우리 문화재들을 보호하고
예술 공연과 영화제작도 지원하는 등 문화를 사랑한 경찰로
이후에 보관문화훈장을 받았습니다

차일혁 경찰의 다른 일화들 1

전쟁 중이지만 한민족을 잊지 않았던 차일혁

1953년 7월 27일, 마침내 남한과 북한은 전쟁을 멈추고 휴전을 하게 되었습니다. 공식적으로는 전쟁이 끝난 것이었지요. 하지만 지리산에 있는 빨치산들이 다 북한으로 돌아간 것은 아니었어요. 낮에는 산속에서 숨어있다가 밤이 되면 마을로 내려와서 사람들의 식량을 빼앗거나 사람들을 잡아가기도 했었어요. 그러던 어느 날 빨치산 한 명이 잡히게 되었는데 크게 부상을 당해 수혈을 하지 않으면 생명이 위험한 상황이었어요. 하지만 사람들은 북한 사람에게 선뜻 자기를 피를 주겠다고 하지 않았어요. 전쟁이 끝났어도 북한 사람은 공포와 두려움의 대상이었지요. 그 때 차일혁은 망설임 없이 자기 피를 수혈해 주었어요.

차일혁의 노력에도 그 빨치산은 살아나지 못했지만 그는 차일혁의 행동에 감동을 받아 당시 빨치산 대장인 이현상이 있는 곳을 알려주었습니다.

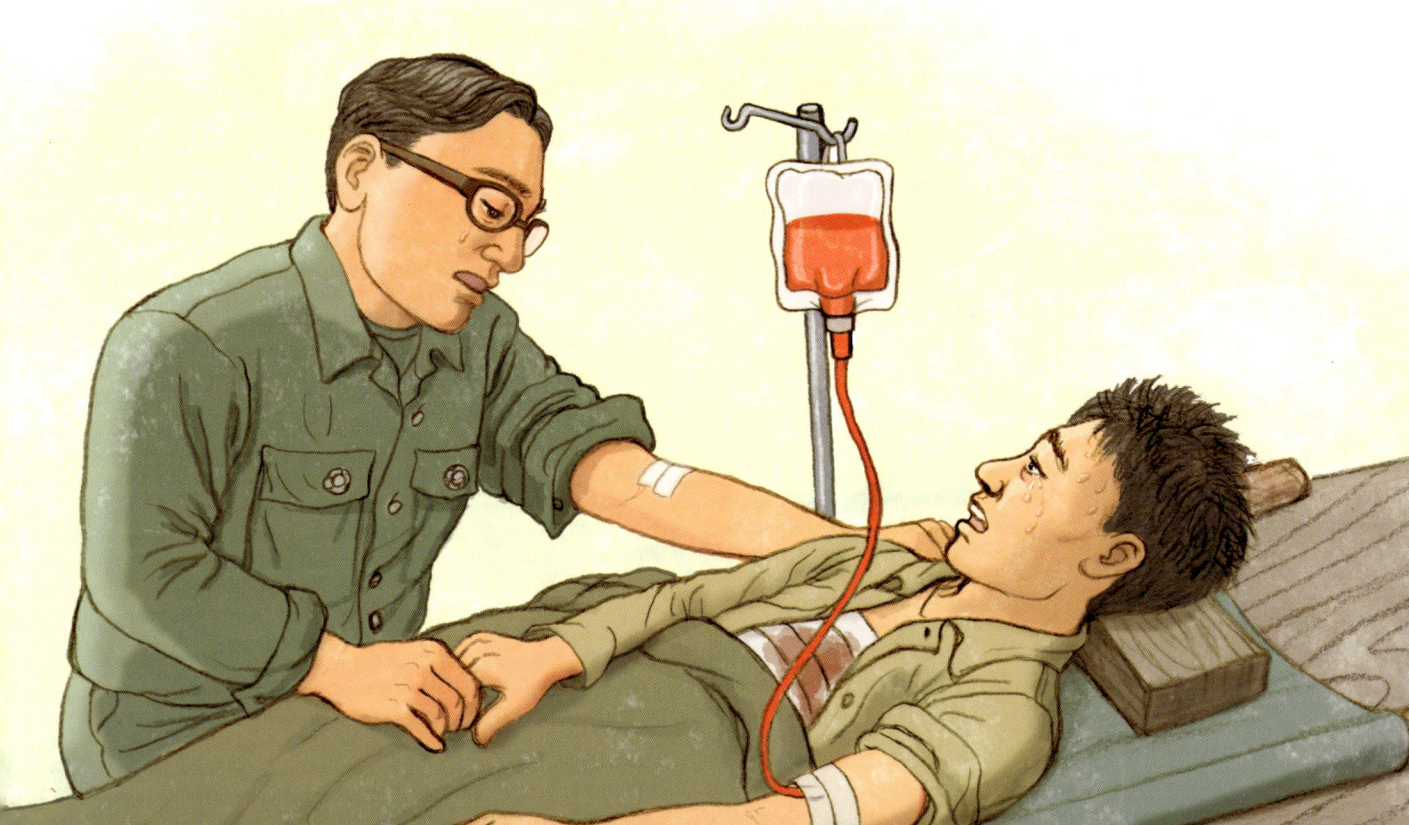

그래서 차일혁은 빨치산 부대와 싸워 빨치산 대장 이현상을 사살하였습니다. 그때까지도 북한을 적으로 생각하기에 이현상의 가족조차 그의 시신을 거부하는 공포스러운 분위기였어요. 차일혁은 그를 적이기 이전에 한 인간으로 생각하여 예를 갖춰 장례를 치러주었습니다.

차일혁은 남아있는 빨치산을 잡을 때마다 처형하기 전에
"항복하시오. 고향에 돌아가고 싶지 않습니까? 가족과 같이 살아야 하지 않겠소"하고 귀순을 권유하였습니다.
그 당시 빨치산들은 본인들이 원해서라기 보다는
전쟁 때문에 어쩔 수 없이 총을 들고 나와서 싸운 사람들도 많았습니다.
전쟁이 일어나기 전에는 그들도 아버지, 아들, 농부, 학생과 같은
평범한 사람이었습니다. 전쟁으로 인해 나라를 위해 총을 들고
자기의 나라를 위해 싸운 사람들이었던 거지요.
우리 민족은 일제시대와 6.25전쟁을 겪으며
너무 많은 희생을 치렀습니다.

그러기에 차일혁은 전쟁이 끝났으니 더 이상의 희생은 없기를 바랬습니다.
전쟁이 끝나고 나면 나라들은 혼란스럽기 마련입니다.
우리나라도 그러했기에 무엇보다 사회질서를 잡는 게 먼저였습니다.
차일혁은 경찰서장으로 일하면서 사회질서를 잡고
국민들을 위해서도 많이 노력했어요.
전쟁 직후 부모를 잃거나 가정형편이 어려운 청소년들을 위해서
기술을 가르쳐주는 직업학교를 세웠고 전쟁 고아들을 위해서는
고아원에 방문하여 대원들과 푼푼이 모은 위문품과
작전 중에 얻은 일용품들을 전달하기도 했어요.

차일혁 경찰의 다른 일화들 2

75명의 기적! 정읍칠보발전소 탈환작전!

1951년 1.4후퇴 와중에 군 병력이 전방에 집중된 틈을 타서 정읍칠보발전소(현재 섬진강수력발전소) 일대를 빨치산 2천여명이 포위하게 됩니다.

차일혁은 남한 유일의 발전소이자 작전거점인 칠보발전소를 탈환(빼앗겼던 것을 도로 빼앗아 찾음)하라는 명령을 받았지만 병력은 고작 전투경찰대원 75명 뿐이었습니다. 2천여명을 상대하기에는 75명은 너무 작은 병력으로 무모한 작전이었습니다. 하지만 그는 우리 군인의 숫자를 몇 십 배 부풀리게 보이는 상대방을 속이는 전술을 이용하여 많은 적들을 혼란에 빠트렸습니다. 차량 4대를 이용하여 같은 장소를 수차례 지나가게 하여

대규모의 병력수송이 이루어진 것처럼
적들을 기만하는 전술을 이용한 것입니다.
담대한 야간 기습작전을 통해 결국 발전소 탈환을
성공하는 기적을 이뤄냈습니다.

구례 화엄사 사사자삼층석탑

사사자삼층석탑(華嚴寺四獅子三層石塔)은
전라남도 구례군 화엄사에 있는 통일신라시대의
3층 석탑입니다.
한국에 남은 사자탑 가운데 가장 우수한 작품으로
불국사의 다보탑과 함께 한국석탑의 쌍벽을
이루는 만큼 중요한 문화재입니다.

화엄사 영산회괘불탱

석가가 영축산에서 설법하는 모습인
영산회상을 그린 괘불입니다.
괘불이란 절에서 큰 법회나 의식을 행하기 위해
법당 앞뜰에 걸어놓고 예배를 드리는
대형 불교그림을 말합니다.

차일혁 경무관이 지킨
문화재들

사사자감로탑

구례 화엄사 원통전 앞에 자리한 사사자 감로탑은 통일신라시대의 독특한 석탑으로, 네 마리의 사자가 길쭉하고 네모난 돌을 이고 있는 모습입니다.

화엄사 대웅전

구례 화엄사 대웅전은 조선시대의 건축물로 1963년 1월 21일 대한민국의 보물 제299호로 지정되었습니다. 규모도 크고 아름다우며 건축 형식의 특징과 균형이 잘 잡혀있어 조선 중기 이후 건축사 연구에 귀중한 자료가 되는 건물입니다.

This book shares one of the many stories of Cha Il-Hyuk,
who was an officer well known for his efforts in protecting our cultural heritage.
It is not our main purpose to ask children readers to copy exemplary acts like those
of Cha Il-Hyuk, the main character of this book.
We wish this book helps children understand why the Korean War broke out
and the terrible consequences that came of it.
It is our sincere wish that this book provides an opportunity for children to think
about the future of our nation, divided now, but will be reunified again one day.

*The story in this book has been edited and revised from the original to help children readers understand it more easily.

Reading in English

The officer Cha Il-Hyuk who protected our cultural heritage

Have you ever heard Hwaeomsa?

Hwaeomsa is situated in Gurye, Jeonlanamdo. Hwaeomsa was built during the Three Kingdoms Period. It is more than a thousand years old. Hwaeomsa is one of South Korea's national treasures. It is also an important cultural asset of South Korea. Cultural assets are precious artifacts from the past. Why are cultural assets important to us? It is because they have historical and cultural values. By looking at them, we can see how our ancestors once lived and learn from their wisdom. That is why we have to preserve and protect them well. Hwaeomsa is an important cultural asset of Korea.

Did you know that Hwaeomsa was almost destroyed and lost forever during the Korean War? This is a story about how Hwaeomsa was nearly burned down in the middle of war, but saved by a wise police officer.

That is why there are South and North Koreas in the Korean peninsula today. This division was not something our country had desired, but the divide was created and focused around two super powers—the United States of America and the Soviet Union. Following the intervention of those countries, the conflict between South Korea and North Korea intensified. Finally, North Korea attacked South Korea on June 25, 1950. This was the beginning of the Korean War.

It was a heartbreaking war where people from the same nation had to fight each other. It had only been five years after Korea was liberated from Japanese occupation when the war broke out. However, at that time, the tension between the North Koreans and the South Koreans was so great that they viewed each other as enemies.

At that time, there was a police officer named Cha Il-Hyuk in South Korea. He was born in 1920 in colonial Korea. He became an independence activist during the Japanese occupation and then became a police officer after the liberation.

When the war broke out, he was appointed as the chief captain of the 18th battalion of the Combat Police Force, and began to fight against the communist partisans. Communist partisans were not regular soldiers, but independent forces fighting for North Korea inside of South Korea.
They destroyed trans-portation vehicles and communication facilities, stole weapons and supplies from South Korean soldiers, and even robbed from civilians.

During the Korean War and shortly thereafter, there were many communist partisans in Mt. Jiri. Chief Captain Cha Il-Hyuk was assigned to clear the partisans in Mt. Jiri and thus he set off for the area with his unit. This mission was called the "Partisan Clearing Operation."

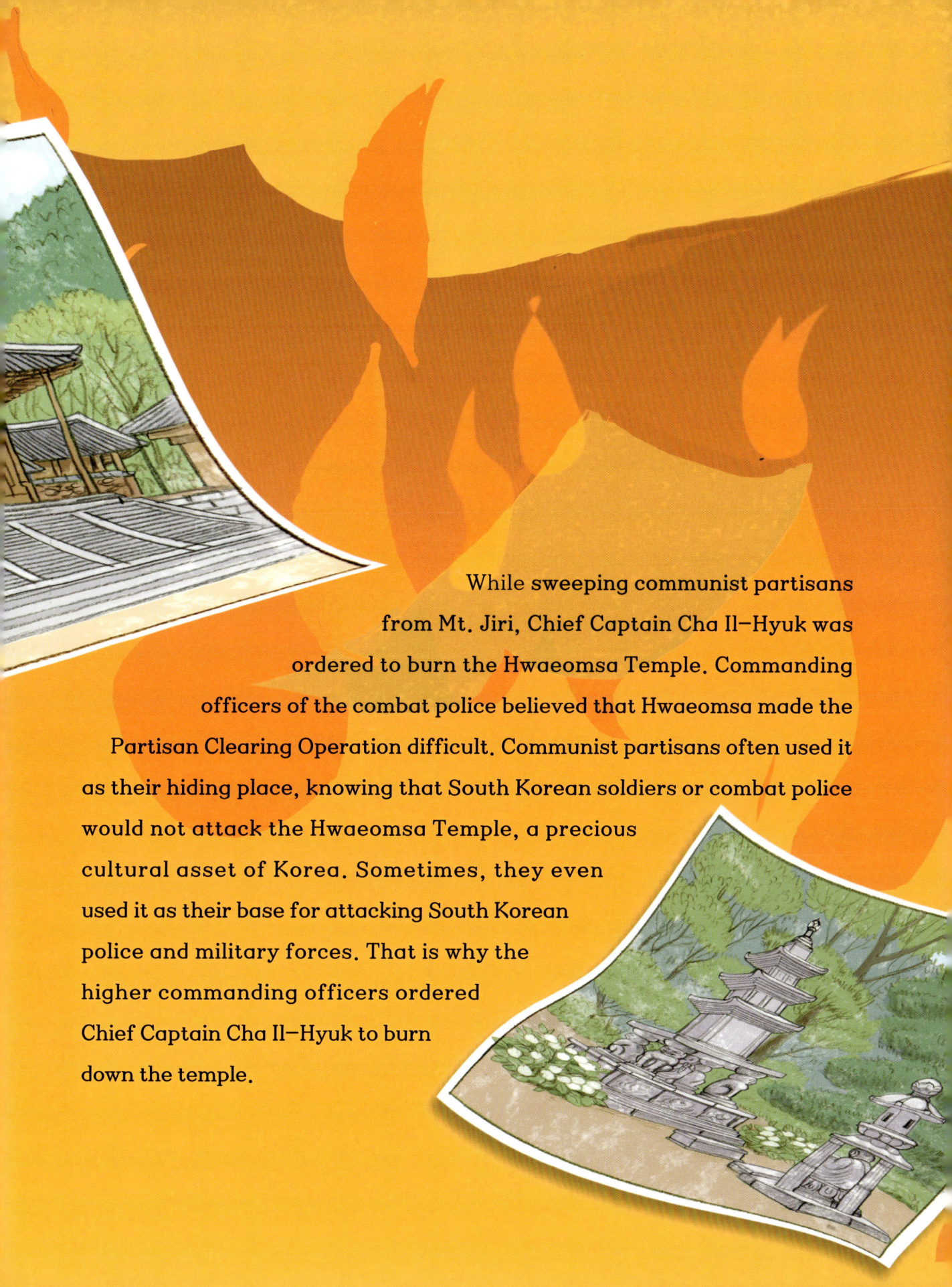

While sweeping communist partisans from Mt. Jiri, Chief Captain Cha Il-Hyuk was ordered to burn the Hwaeomsa Temple. Commanding officers of the combat police believed that Hwaeomsa made the Partisan Clearing Operation difficult. Communist partisans often used it as their hiding place, knowing that South Korean soldiers or combat police would not attack the Hwaeomsa Temple, a precious cultural asset of Korea. Sometimes, they even used it as their base for attacking South Korean police and military forces. That is why the higher commanding officers ordered Chief Captain Cha Il-Hyuk to burn down the temple.

"Do you mean that we should burn the Hwaeomsa Temple? I cannot follow those orders."

Captain Cha Il-Hyuk strongly opposed these commands and appealed to the superior officers. Hwaeomsa was an important temple with a very long history. Burning such a precious cultural asset would be a huge loss for the country. However, orders are orders. The damages from the communist partisans were also extensive. That is why Captain Cha Il-Hyuk's appeal was not accepted.

Captain Cha Il-Hyuk fell into a dilemma. He did not want to burn the temple, but he knew he also could not disobey the orders from his superior officers. He thought hard of a way to solve this dilemma.

Finally, he ordered his men to take off the doors of the temple and burn them. Without doors, the communist partisans would not be able to hide in the temple. Even if they did, they would be easy targets for the snipers of the combat police. In addition, the smoke from the burning doors would make the superior officers believe that the temple was burned down. In this wise way, Chief Captain Cha Il-Hyuk was able to carry out his orders while still protecting the national treasure.

In the middle of a fierce war, disobeying orders from superior commanders could cause you to lose your life. The decision to save Hwaeomsa Temple took a lot of courage for Captain Cha Il-Hyuk and could have cost him his own life.

Even after this incident, Captain Cha Il-Hyuk continued his efforts to save cultural assets. This included not only Hwaeomsa Temple, but also many other historical Temples in the area.

The Korean War ended by a truce agreement in July 1953. Since then, confrontation between the South and North Koreas continues, as it does today. Though the war has ended and much time has passed, people visit Hwaeomsa and other old temples to pray and to seek rest from their busy lives.

**"If we lose our culture, we lose our spirit,
and if we lose our spirit, we lose our country"**

Thanks to Captain Cha Il-Hyuk's patriotism and his love for cultural heritage, we are able to still enjoy the Hwaeomsa Temple as it has been for a thousand years.

The officer Cha Il-Hyuk who protected our cultural heritage

Superintendent General Cha-Il Hyuk was born in Gimje, Jeollabuk-do in 1920.

In 1936, he went to Shanghai to become an independence warrior. It was just before the Sino-Japanese war broke out and he was only 17 years old.

CHA IL-HYUK
1920.07.07~1958.08.09

After graduating from the Central Military Academy of China, Cha Il-Hyuk gathered and trained young Korean people to form independence army units. He engaged in many big and small battles against Japanese troops for the independence of Korea. Upon the liberation of Korea, many independence activists turned to either the Chinese or North Korean army. However, Cha-Il Hyuk decided to come back to South Korea and devoted himself to punishing the traitors of the nation and the remaining Japanese imperialists.

When the Korean War broke out, Cha Il-Hyuk went to war as the captain of a special guerrilla unit of the 7th division of the Korean Army. In December 1950, he was appointed as the first chief captain of the 18th battalion of the combat police to quell the communist partisans in the Jeollabuk-do province.

He won many battles against communist partisans in the areas of Mt. Jiri and Mt. Deokyu. Due to his victories, he was promoted to senior superintendent of the combat police. When he was appointed as the commander of the 2nd Regiment of the Seonam Combat Police Forces, he had killed Lee Hyeon Sang, the communist partisan leader.

He was also a man of principle and humanitarianism and displayed grace towards the captured prisoners while also helping many war refugees. He protected precious cultural assets that were likely to be destroyed or lost during the war. He also sponsored artistic performances and supported film productions. In honor of his outstanding achievements, the Korean government decorated Superintendent General Cha Il-Hyuk with the Order of Cultural Merit in 2008.

Other Stories About Cha Il-Hyuk

On July 27, 1953 South and North Korea agreed to a truce. The Korean War was officially over. However, some communist partisans did not go back to North Korea, but kept fighting in Mt. Jiri. They would hide within the mountains during the day, and then come out at night to the villages to rob civilians of food and supplies. They would even kidnap young people to make them communist partisans as well. One day, a communist partisan was captured. He was badly injured. Without an immediate blood transfusion, he would not survive. No one was willing to give the enemy soldier his blood. Although the war was over, the communist partisans had been a constant threat for so long that the South Korean civilians still viewed them as enemies. At that moment, without any hesitation, Chief Captain Cha Il-Hyuk gave him his own blood. Even with this sacrifice, the partisan soldier did not survive, but he was so grateful that he told Chief Captain Cha Il-Hyuk the whereabouts of Lee Hyeon Sang, the partisan leader.

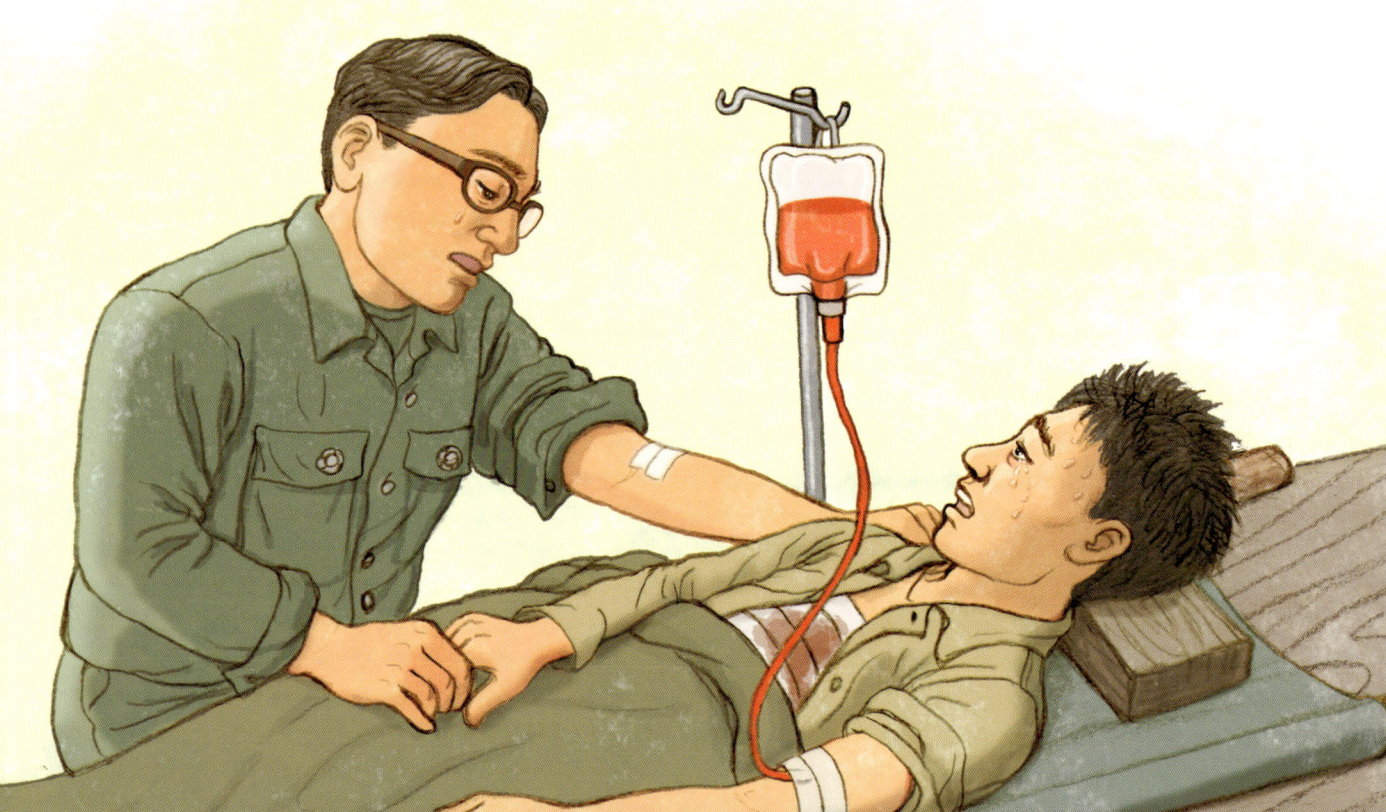

With this information, Captain Cha Il-Hyuk attacked the headquarters of the communist partisan and had Lee Hyeon Sang killed. At that time, Lee Hyeon Sang was one of South Korea's most notorious enemies; even his family members would not take his dead body. Upon seeing this, Cha Il-Hyuk had the compassion to take his body, pay his respects, and gave him a proper burial ceremony. After Lee Hyeon Sang died, Chief Captain Cha Il-Hyuk saw him not as an enemy, but as another human being.

When Cha Il-Hyuk captured communist partisans, he would always give them a chance to surrender before executing them. He used to say, "Please surrender. Don't you want to go back to your hometown? You should be alive to be with your family again." Not all communist soldiers went to war voluntarily. Many of them were drafted and forced to fight without a clear understanding of the purpose of the war. Before the war, these soldiers were fathers, sons, farmers, and students. Most of them were just ordinary people. Cha Il-Hyuk was well aware these people—whether from the South or the North, all had to make many sacrifices due to the Japanese occupation and the Korean War. With the conclusion of the war, he wished that these people did not have to suffer any more.

Once a war comes to an end, it is often natural for a country to be in chaos. This happened to our country, and it was important to first restore social order. As one of the commanding officers of the police, Cha Il-Hyuk committed himself to restore this order and to help people as well. He established a vocational school to teach a trade to those children that had lost their parents or was poverty-stricken after the war. He also visited orphanages frequently and gave out daily necessities to those children who had lost their parents during the war.

Other Stories About Cha Il-Hyuk

The Miracle of 75 People!
The Jeongeup Chilbo Power Plant Recovery Operation

On January 4, 1951, during the time of the retreat, the Chilbo Power Plant (currently the Seomjingang Hydroelectric Power Station) in Jeongeup was taken up by more than 2,000 communist partisans. At the time, the Chilbo Power Plant was the only hydraulic power generating station in South Korea, and also a military operating site. Chief Captain Cha Il-Hyuk and his combat police battalion were ordered to retake control of the power plant.

Unfortunately, Captain Cha Il-Hyuk's men counted to only 75 after a series of combats with communist partisans.

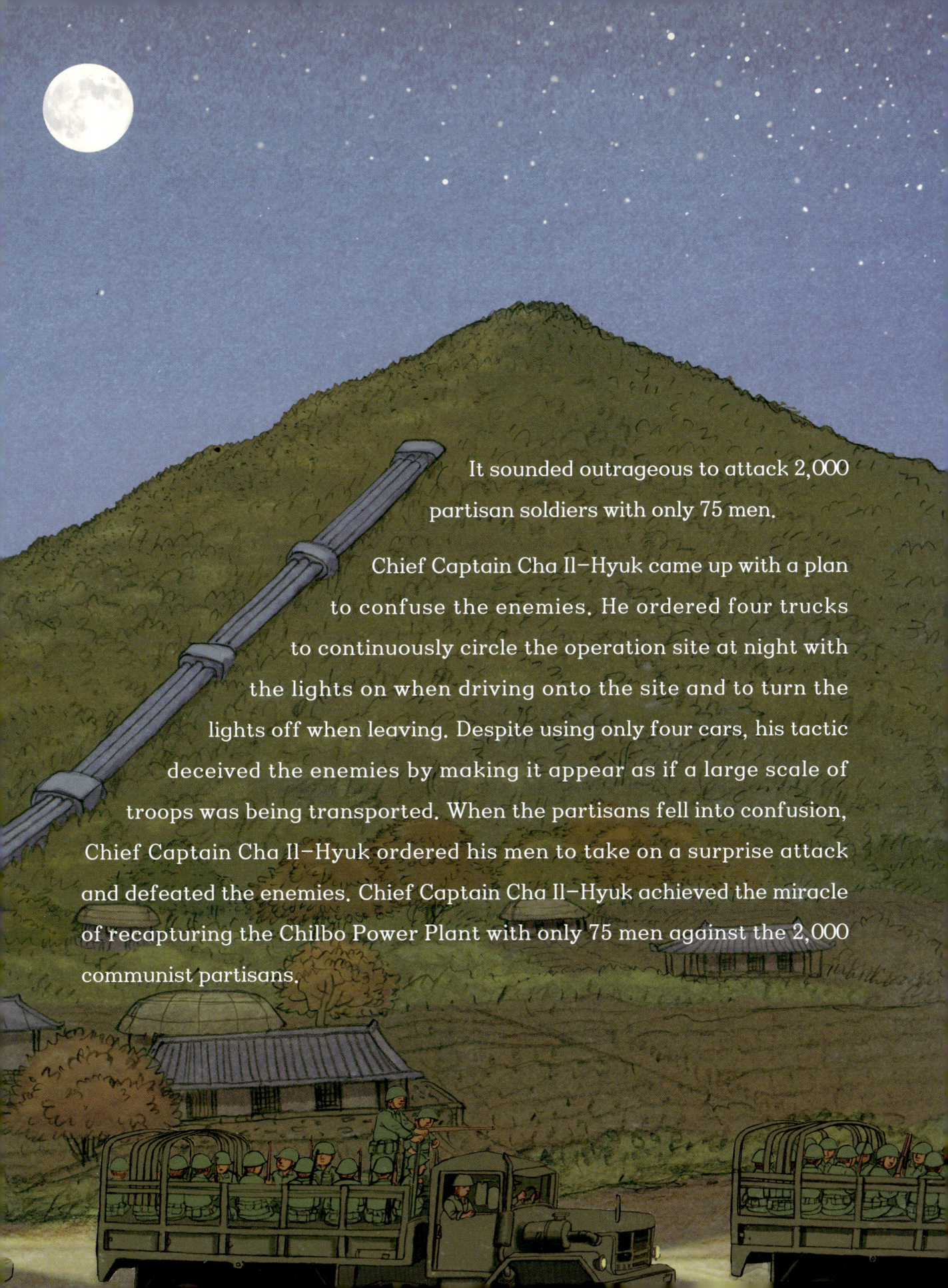

It sounded outrageous to attack 2,000 partisan soldiers with only 75 men.

Chief Captain Cha Il-Hyuk came up with a plan to confuse the enemies. He ordered four trucks to continuously circle the operation site at night with the lights on when driving onto the site and to turn the lights off when leaving. Despite using only four cars, his tactic deceived the enemies by making it appear as if a large scale of troops was being transported. When the partisans fell into confusion, Chief Captain Cha Il-Hyuk ordered his men to take on a surprise attack and defeated the enemies. Chief Captain Cha Il-Hyuk achieved the miracle of recapturing the Chilbo Power Plant with only 75 men against the 2,000 communist partisans.